Lieber Richard!

Herzlichen Dank für deine
ausgezeichnete Führung!

Die Flora u. Fauna,
und ganz besonders die einmalig
schöne Landschaft Schottlands
wird uns immer in Erinnerung
bleiben!

Deine Österreicher!

Hubert Eva Helga Hans Gerhard
Gisela Erni Maria Heinz
Ingrid Ilse Burgi Franz
Klaus Horst Evelyn
Andreas

Viel Spaß
mit diesem Buch!

Hubert

1

Stiehlblüten aus Folgs- und Haubtschule

Stiehlblüten

2. Auflage 2001

Verlag: Verlag 66, Reinhard Wanzenböck, Hauptplatz 26, A-3300 Amstetten
Autor: Hubert Bruckner
Illustrationen: Renate Habinger

© 2001, Verlag 66, Reinhard Wanzenböck, Amstetten

ISBN 3-902211-01-6

Stiehlblüten
aus
Folgs- und Haubtschule

**eifrig gesamelt von dem Hubert Bruckner
mit Tsaichnungen von der Renate Habinger**

Wenn man so wie ich bald 40 Jahre
im Schuldienst steht, da kommt einem schon
allerhand unter. Man erlebt alle Höhen und Tiefen,
die im Laufe eines Lehrerdaseins möglich sind.
Die vielen schönen Erlebnisse überwiegen aber bei
weitem die negativen, und ich freue mich nach wie
vor auf fast jede Unterrichtsstunde. Besonders
deshalb, weil es sehr oft auch was zu lachen gibt.
Ohne Spaß und Gaudi würde dem Unterricht ein entscheidendes
Element fehlen.

Ein Grund für unbefangenes Lachen sind sicher die vielen kleinen
und größeren Fehler, die unfreiwillig komischen Aussagen unserer
Schüler in Aufsätzen, bei Prüfungen, bei Tests oder einfach im schuli-
schen Alltag. Die sogenannten „Stilblüten" eben. Noch dazu, wo so
manches eindeutig „zweideutig" aufgefaßt werden kann. Der blühen-
den Fantasie sind hier keine Grenzen gesetzt.

All diese lustigen Sachen habe ich im Laufe meiner Dienstzeit
gesammelt und aufgeschrieben. Vielen Dank auch an meine Kollegen,
die mir ihre „Blüten" mitgeteilt haben.

Durch all die Jahre kam ein ansehnliches Paket zusammen. Bei
vielen Gelegenheiten habe ich daraus vorgelesen und damit immer
größte Heiterkeit bei den Zuhörern hervorgerufen.

Da diese Stilblüten einfach zu köstlich sind, wäre es schade, sie in
Vergessenheit geraten zu lassen, darum habe ich das Ganze in
Buchform gebracht, um damit eine größere Leserschar zu unterhalten.

Noch etwas sei an dieser Stelle vorbemerkt: Niemand will die

6

Schüler wegen ihrer kleinen Fehler auslachen. Es steht deshalb auch nirgends der „Autor" bei den einzelnen Blüten dabei. Der Spaß bezieht sich nur auf die lustige Aussage, niemals auf den Schüler selbst. Schließlich haben ja auch Lehrer und Eltern so manche Beiträge geliefert.

Alles ist echt. Nichts wurde von mir erfunden. So etwas kann man auch gar nicht erfinden.

Zum Schluß recht herzlichen Dank an Renate Habinger, die wiederum, wie schon in meinem ersten Buch, in gekonnter Art und Weise die lustigen Illustrationen beigesteuert hat.

Ich wünsche viel Vergnügen bei der Lektüre bzw. beim Vorlesen im fröhlichen Freundeskreis.

Bruckner

Hubert Bruckner

8

Inhaltsverzeichnis

Volksschule

11

Als ich im Jahre 1963 meinen Dienst in einer dritten Klasse Volksschule im Scheibbser Bezirk antrat, ließ die erste „Blüte" nicht lange auf sich warten. Es war die Sache mit dem Wörtchen „bis".
Gott sei Dank hab ich mir das sofort notiert.
Daß noch soviele Stilblüten im Lauf der Jahre dazukommen würden, um sogar ein ganzes Buch zu füllen, konnte ich damals natürlich noch nicht ahnen.

Der unbefangene Volksschulkindermund „scheibt", wie man bei uns in der Gegend zu sagen pflegt, nun einmal „so allerhand heraus", was zum Lachen anregt.

Wir gingen mit unseren Rodeln auf den Großberg.
Oben stand der Herr Lehrer und ließ jede Minute
einen <u>fahren</u> und unten stand die Frau Lehrer und ?
fing ihn auf.

Bildet Sätze mit dem Wörtchen „bis"!

Schüler A: „Wir müssen die Hausübung bis
morgen machen."

Schüler B: „Wenn mein kleiner Bruder
kacken tut und er ist fertig, sagt er
immer: I bis."

Wir brauchen morgen ein liniertes Heft und ein
<u>kastriertes.</u>

Isabella: „Bitte darf ich mich wegsetzen,
der Florian gibt keine Ruh."

Christina: „Bitte darf ich mich hinsetzen,
bei mir spurt er."

13

Was macht man in der Küche?   Kochen

Was macht man im Eßzimmer?   Essen

Was macht man im Schlafzimmer?   Schmusen ?

Wie nennt man den Unterschied, um den ein Kaufmann die Waren teurer verkauft als er sie einkauft?

Anschmiern.

Ich gehe in eine viertklassige Volksschule.

Mein Lehrer hat gesagt, ich bekomme in Rechnen einen Einser, ich soll mich aber nicht auf den Brombeeren ausruhen.

„Fr. Lehrer, wieso hast du so schöne Haare?"

„Die hat mir der liebe Gott geschenkt."

„Meine Mutter muß aber beim Frisör immer etwas zahlen."

In einem Aufsatz steht:

Ich habe gestern im Wald einen Busen gefunden.

Frau Lehrer fragt erstaunt: „Was hast du da

gefunden?"

„Ach, ich habe die Ü-Stricherl vergessen, einen

Püssn (= Pilz) habe ich gefunden."

Im Osten geht die Sonne auf,

im Süden steigt sie hoch hinauf, W—

im Westen wird sie untergehn,

in Oberndorf ist sie nie zu sehen.

Oberndorf?

Schüler: „Frau Lehrer, welche Klasse bekommen

Sie nächstes Jahr?"

Fr. Lehrer: „Die erste."

Schüler: „Können Sie überhaupt eine erste über-

nehmen, Sie sind ja schon so alt."

Meine Frau Lehrer hat eine strenge Regel.

15

Erkläre das Sakrament der Ehe!

Die Vereinigung erfolgt vor dem Priester.

Zwiegespräch in der Sonderschule beim Elternsprechtag:

Fr. Lehrer: „Was möchte Ihre Tochter nächstes Jahr für einen Beruf ergreifen?"

Mutter: „Sie soll Lehrerin werden."

Lehrerin, ganz erstaunt: „Was, Lehrerin???"

Mutter, beruhigt: „Nein, nicht eine richtige, – eine solche wie Sie!!!"

In einem Aufsatz über MARIA steht zu lesen:

Maria stritt sich nie um das Beste. Sie begnügte sich auch mit etwas Schlechtem, sie begnügte sich sogar mit Josef.

Erschaffung der Erde?

Der liebe Gott hat die Erde erschöpft.

Wie nennt man die Heiligen, deren Namen wir tragen?

Namenspatronen.

Wo in Österreich gibt es einen Erzbischof?

Am Erzberg.

Der Engel Gabriel brachte Maria die Botschn!

Religionslehrer: „Abraham ging hunderte Kilometer durch die Wüste."

Schüler: „Warum ist er nicht mit dem Autobus gefahren?"

Papst Impotenz III. war gegen die Verehelichung der Priester.

Maria im Gefängnis.

Mariä Empfängnis!

17

Deutsch

19

Im Allgemeinen beneide ich meine Frau, die Deutschlehrerin ist, in keinster Weise um die umfangreiche Korrekturarbeit bei den vielen Aufsätzen und Schularbeiten.

Manchmal allerdings bereitet es das größte Vergnügen, sich lustige Aussagen aus diesen „Werken" auf der Zunge zergehen zu lassen.

Das sind dann die Minuten, wo ich auch einmal ein Deutschlehrer sein möchte.

aus Deutschaufsätzen

Ein Unfall

Im Spital stellte sich heraus, daß ich mir den Oberschenkel der rechten Hand gebrochen hatte.

Er ist mit einer Prellung und einer Gehirn-erschütterung noch halbwegs gut ums Leben gekommen.

Die Ärzte kämpften mit dem Leben des Patienten.

Hoffentlich haben sie den Kampf verloren!

Bei der Arbeit

Ich klub einen Äpfel auf, da stoch mir eine Biene.

Es ist ein heißer Tag und balt viest allen der scheiß von der Stirn.

21

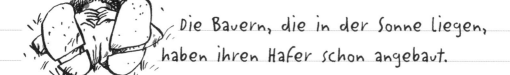

Die Bauern, die in der Sonne liegen,
haben ihren Hafer schon angebaut.

Ich hab auf die Schafe nicht aufpassen wollen,
da sind sie ausgekracht.

Bei der Maus ist der Schwanz lang und
undicht behaart.

Unsere Haustiere

Unsere Häsin hat Junge bekommen.
Da riß sie sich die Haare
aus dem Bauch und machte
ein warmes Nest.
Welche Mutter würde das tun?

Wir haben zu Hause einen Zwergenhahn,
der unsere Hennen fast nicht derbucken kann.

Wenn unsere kleinen Hühner krank sind,
bekommen sie immer Gemünde. *Kamillentee?*

Unsere Katze grub sich vor dem Tor ein Loch und
pfifte hinein.

Die Kuh hat keine Krallen, sie hält sich
mit den Zehen fest.

Wachhunde bewachen wichtige Gebäude und
ausländische Politiker.

Wir haben zuhause einen Papagei und wenn mein
Papa am Abend nach Hause kommt, bekommt er
immer was zu fressen. *Wer?*

23

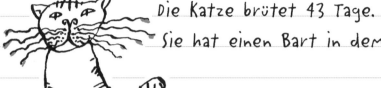

Die Katze brütet 43 Tage.

Sie hat einen Bart in dem Gefühle sind.

Verhalten der Katze bei Bedrohung:

haarsträubend.

Ist Umweltschutz notwendig?

Der Müll wird immer mehr als die Bevölkerung.

Die Vögel fressen dann die vergiften Insekten und

selber kommt auch der Mensch einmal dran.

Das Einheizen und das Autofahren ist unser

tägliches Mittel, das wir brauchen.

Die Autos sollen Kalivisator haben.

24

aus Deutschaufsätzen

Manche Menschen entrümpeln ihr Haus
und werfen es dann in den Wald.

Die Länder werden dann, wenn ein Atomkraft-
werk ausbricht wie in Ungarn, alles versäucht.

Wir müssen die Natur beachten.
Nicht immer nur Stinkstoffe ablassen.

Die ganze Welt leidet sehr unter dem
Umweltschutz.

Jetzt wiss mas!

25

Und aus diversen anderen Aufsätzen

Mit der Frau Lehrer sind wir 22 Kinder.

Wenn die Oma ihr Gebiß herausnimmt, schaut sie immer ganz komisch aus.

Und dann gehen die Erstkommandanten in die Kirche.

Ich betrat den Frisiersalon, grüßte Gott und setzte mich. *So, hat sich der auch die Haare schneiden lassen!*

Eine Psich ist eine kleine Komödie.

In Rom ist der Petersdom.
Da kommt der Papst immer hin.

Bei der Lebensmittelkontrolle schaut man, ob etwas genüßlich ist.

26

Der Einbrecher stieg durch das Fenster und
grübelte in meiner Nachttischlade herum.

Mein Vater wollte immer gern einen Sohn,
aber es wurde nie einer.

Gestern kam meine Mutter mit einem
Blechschaden nach Hause.

na, wenn sie
sonst keinen
hat!

Früher war der Kuhstall auch mit Tieren gefüllt,
aber jetzt sind Ferkel drin.

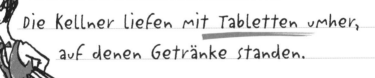

Die Kellner liefen mit Tabletten umher,
auf denen Getränke standen.

Bald waren wir gewaschen,
gekämmt und gefrühstückt.

Der Ötzi war ein Übergangsmensch zwischen der Steinzeit und der Eisenzeit, den man im Himalaya ausgegraben hat.

Juri Gagarin war der erste bemannte Raumfahrer.

Als ich sah, daß alles in Ordnung war, legte ich mich zufriedenstellend ins Bett.

Im Wald sah ich einen zwiespältigen Baum stehen.

Mein Lieblingsessen ist Schnitzl mit Baum Fritz.

Am Samster machte der Fachler einen Test.

Ich habe am Wochenende nichts gemacht. Ich habe faul gelenzt.

Wir fuhren im Prater mit dem Riesenrad. Und
nachher bestieg ich noch weitere Attraktionen.

Einer wurde gefoult. Es gab elf Meter.

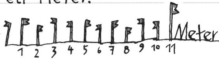

Während dieser Fernsehsendung vergasen die
Eltern ihre Kinder.

So grausame
Eltern!

Die Schnitzel brunzelten in der Pfanne.

Beim Ausbruch des Vesuvs kamen 2000 Menschen
ums Leben, die restlichen starben.

Mann und Frau unter-
scheiden sich in ihrer
Frisur.
Die Frau hat eine
Meschn.

Gott sei Dank,
sonst würden
wir sie glatt
verwechseln

29

Der Lehrer erhebt des öfteren seine Stimme mit
einer Verwarnung. Das hört sich dann so an: Beim
nächstenmal rüber schaun, gibst du das Heft ab!
Das hindert aber niemanden weiterzuschummeln
oder sich mit dem Nachbarn zu unterhalten.
Er drückt dann meist ein Auge zu oder lässt
einen abgehen.

Die Maus machte sich an einer Seite
des Specks an.

Krähe?

Da kam ein Kran geflogen.

Das Mädchen fiel von der Bank und blieb am
Boden unerregt liegen.

Für die Schweine werden
Zuchthäuser errichtet.

Die Bürgschaft (Nacherzählung)

Dyonys wohnte in seiner Stadt Syracus und war ein sogenannter Tyrann. Möros schlich sich mit List und Gewalt in die Stadt ein. Er wollte Dionys töten. Obwohl Dionys Tag und Nacht überwacht wurde, konnte er aber gefaßt werden. Sie schafften ihn zu Möros, der ihn zu Tode verurteilte.

Dionys wollte aber drei Tage Frißt, denn seine Schwester heiratete. Möros laßte ihn gehen, aber er sagte: „Wenn du nicht mehr kommst, dann töten wir deinen Freund."

Als die Hochzeit vorbei war, lieferte Dionys Freund sich aus, denn Dionys rannte davon.

Am gleichen Tag noch zogen mächtige Gewitterwolken auf.

Die Regenzeit kam und aus den Flüßen wurden große Ströme. Die Brücken wurden niedergerissen, so mußte Dionys durch den Strom schwimmen.

31

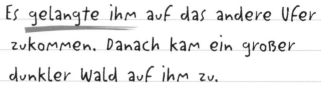

Es gelangte ihm auf das andere Ufer
zukommen. Danach kam ein großer
dunkler Wald auf ihm zu.
Plötzlich stand eine Räuberbande vor
ihm. Er war so wütend das er eine
Keule nahm und drei Räuber erschlug
die anderen ergreiften die Flucht.

Am nächsten Tag dachte er an seinen Freund.
Er konnte ihn nicht alleine lassen darum ging er
aufs Land, in der nähe von der Stadt, einen Tag
hatte er noch Zeit dann mußte er sich etwas
einfallen lassen. Plötzlich wußte er was er tun
hatte.
Er besuchte Bauer die ihm helfen würden.

Später hatte er einige Leute zusammen gebracht.
Danach drangen sie forsichtig in die Stadt ein.
Zuerst befreiteten sie den Freund. Gleich darauf

töteten sie die Leute die für Möros arbeiteten.
Einige Zeit danach folterten sie Möros.
Die Menschen die in der ganzen Stadt wohnten
dankten Dionys und er führte den Thron
zufriedlich weiter.

Lehrer trägt die Bürgschaft vor:

„Ich sei gewährt mir die Bitte, in eurem Bunde
der dritte."

Lehrer: „Was heißt denn das Thomas?"

„Na ja, der Tyrann möchte auch gehenkt werden."

Zweite Strophe der Bundeshymne?

Heiß umsegel nord umstüen und ligst du
mien in der Mitten hägen stark im Herzen.
Gleich hast du früh am Kamens Tag hast
du last gedragen ruf begnugtes Österreich
viel begun des Östereich.

Und andere inhaltsschwere Sätze

Jedes Auto hat vorne zwei Schweinwerfer.

Im Winter wird es gegen Abend dunkel, jedoch im Sommer nicht.

Am Fahrrad braucht man Speichenrückstrahler und am hintern auch.

Täglich werfen 100 000 Bauern das Handtuch.

Die Bauern spritzen auf ihre Felder.

Bitte der Hansi hat sich heute nacht an der
So ein Schlingel! Zimmertür vergangen.

Mein Vater bekam einen Akt, weil er die
Meisterprüfung bestanden hat.

Dann stellte sich Adolf Stricker auf den Altar.

In den Ferien waren wir Schweine zusammen-
fahren.

Ich weiß wo eine Frühgeburt hinkommt,
sie kommt in den Brustkorb.

Ich möchte die Religionsfraulehrer.

Der Frack ist ein Festungsanzug.

Vor der Schularbeit war ich
sehr nehrvüß.

Als ich bei meiner Tante auf
Besuch war, hatte sie gerade junge Kätzchen
bekommen.

35

Vandalismus ist die blinde Zerstörungswut öffentlicher Anlagen.

Ich verstieß achtlos die Spielregel.

Als ich das sah, rann ich zu meiner Mutter.

Mir wäre das sehr gerne und heute lieber als gestern.

Nach wenigen Augenblicken kam der Bauer mit dem Ochsen und zeigte ihm den Fleischhauer.

Die Schüler werden mit Busen in die Schule geführt.

Die Strichvögel sind Vögel, die keinen Standpunkt haben.

36

Der Mensch hat gefüllte Knochen und kann daher nicht fliegen.

Alle Trümpfe in der Brust haben.

Als Jause habe ich heute einen Magenspitz mit.   *Mohnspitz?*

In meinem Teich sind schon zwei Leichen.   *Laichklumpen?*

Stammformen von Zeitwörtern:

es klingt – es klang – es hat geklingelt

gackern – gackte – gegackt

schießen – schoß – geschissen

Unsere Oma ist mit dem Omibus in die Stadt gefahren.

Schanda Marie   *Gendarmerie*

Ausrutscher im Deutschunterricht

Eine Vorwortergänzung:

Die Frau beklagt sich auf ihrem Nachbarn.

Was versteht man unter einem Lokalaugenschein ?

Wenn man sich ein Wirtshaus ganz genau anschaut.

Wer schrieb das Theaterstück „Nathan, der Weise"?

Sollte wohl „Lessing" heißen! Lassy

Bildet Sätze mit dem Wort „tätlich" !

Er ist tätlich verunglückt.

Bilde mit der Redewendung „Rede und Antwort stehen" einen Satz !

Die Frau redete und der Mann antwortete im Stehen.

38

Wer kann den Begriff „entfalten" erklären ?

Wenn zum Beispiel ein Mann von einer Frau geschieden wird, dann kann er sich wieder entfalten.

Bildet einen Satz mit „triefen" !

Morgen triefe ich meine Freundin.

Aus dem Bericht „Beim Versehgang"

Ich sah im Bett ein Versehen liegen.

Für eine Partnerarbeit werden je zwei Schüler zusammengelost. Einer ist mit seinem Partner nicht zufrieden und sagt zu seinem Lehrer:

Bitte kann ich mich auch einmal mit einem anderen paaren?

Einige spezielle Rechtschreibfehler

Gammünde	Kamillentee
Mülatäa	Militär
Phinland	Finnland
EZ	Aids
Oferherd	Overhead
Everkrien	Evergreen
Tierarbrohekter	Diaprojektor
Obduktionsscheine	Optionsscheine
Mrs. Sipi	Mississippi
blözin	Blödsinn
Prospotuierte	Prostituierte
elkawe	LKW

40

ein Wizz als Lüggenfühler

Der Schulinspektor kommt in eine Klasse und beginnt die Kinder zu prüfen. „Du da in der ersten Reihe, sag mir ein Hauptwort!" „Dreck". Der Inspektor schaut Schüler und Lehrer etwas überrascht an und fragt weiter: „Du da in der zweiten Reihe, sag mir ein zusammengesetztes Hauptwort!" „Scheißdreck!" Das ist ihm zuviel und er bittet den Lehrer vor die Klassentür: „Ja sagen Sie, Herr Kollege, was ist mit Ihren Kindern los?". „Ach", antwortet der Lehrer, „ich weiß auch nicht, woher diese verdammten Da...löcher des haben!"

41

Mathe-matik

43

Mathematik gilt allgemein als sehr trockenes Hauptfach (Stichwort: Kopfrechnen, Gleichungen und Formellernen) mit wenig Platz für Spaß und Humor. Die folgenden Seiten aber werden den Leser eines Besseren belehren.

Auch in diesem Gegenstand sind unfreiwillig komische Ausrutscher nicht auszuschließen.

Erfinde einen Text für ein Rechenbeispiel!

Man muß schauen, wie oft 2 kg Birnen
in 17 kg Äpfel enthalten sind.

Wie nennt man Zahlen, die zusammen-

gezählt werden?

Schüler: ?????? **Lehrer hilft:** Su.....Su...

Schüler: Suvenir.

Was kann man an diesem Bruch $\frac{2x+2y}{xy}$ **verändern?**

Oben kann man Zwei herausheben, aber unten
geht nichts.

Ein Beispiel für ein indirektes Verhältnis?

Je größer die Geschwindigkeit, desto
kleiner bist du am Ziel.

Antwort bei einem Rechenbeispiel:

Der Stoß ist 4200 S wert.

Wie heißen die Winkel im Dreieck?

Alpha, Peter, Gamma

Wie heißen die Ergebnisse der Grundrechnungsarten?

Das Ergebnis der Division heißt Diktatur.

Was ist eine Tangente?

Wenn ein Greis auf den Strich geht.

Am Ende der Mathe-Stunde bittet eine Schülerin:

Bitte, Herr Fachlehrer, machen wir noch eine Nummer.

Eine Überschrift im Mathe-Heft:

DRECKSKONSTRUKTIONEN

ein Wizz als Lüggenfühler

Der Schulinspektor ist auf Inspektionstour zur Hauptschule in O. Einen Kilometer vor dem Ziel stottert plötzlich der Motor seines Autos und bleibt stehen. Ratlos öffnet der Schulinspektor die Kühlerhaube und kann keine Ursache der Panne finden.

Kommt da plötzlich ein kleiner Knirps vorbei, schaut sich ebenfalls den Motor an, macht ein paar Handgriffe und schon läuft der Motor wieder. „Ja, bist du ein gescheites Bürschchen", lobt der Inspektor den Buben und bedankt sich herzlich für die Hilfe. Bevor er aber weiterfährt, fragt er noch schnell: „Aber warum bist du nicht in der Schule jetzt am Vormittag?"

„Ja mein Klassenlehrer hat gesagt, ich bin der dümmste Schüler und da soll ich heute zu Hause bleiben, weil nämlich heute der Schulinspektor kommt."

Englisch

Vokabeln lernen und deren richtige Anwendung ist eine schwierige Sache. Wenn dann sehr ähnlich klingende Wörter mit vollkommen verschiedener Bedeutung verwechselt werden, kann sich der Sinn des Satzes dramatisch verändern.

Lesen Sie selbst, welch eindeutige Zweideutigkeiten dabei herauskommen können.

Brief an einen Freund in England:

How goes you ? Me goes good. Make you some
animals. I have a Fux, a Fasan und a Reh.

Ein Schüler beschreibt seinen Nachbarn ?

He has black hair and blue eggs.

What's the time, please ?

It's sex o'clock.

**Im Englischen wird bei
Hauptwörtern ein s angehängt, manchmal
mit Apostroph manchmal ohne.**

Ein Apostroph schreibt man, wenn einem etwas
gehört.

Wann schreibt man kein Apostroph ?

Wenn einem etwas nicht gehört.

Tortoise heißt Landschildkröte !

Gibt es leicht eine
Stadtschildkröte auch ?

Was könnte „headmaster" auf deutsch heißen ?

Frisör

Was könnte „living-room" heißen ?

Liebeszimmer

Übersetze ins Englische:

Meine Lieblingsfarbe ist blau !

My darling-colour is blue.

Aufsatz: Eine Reise durch die USA:

In Washington we saw the
White House, but we didn't see
Wilhelm Busch, because he
is very busy.

Nenne das Gegenteil:

> long – short
> black – white ✓
> hot – dog

Aufsatz über Weihnachten:

They put their parents under the
Christmas-tree.

Bill Clinton is a very impotant person.   Monika Lewinsky ist hier
                                           anderer Meinung

They meet olony. (=aloani....allein)

My father works a lot and then he is tired in
the after.

The man had only two penis.   (Der arme)   Sollte wohl „two
                                             pennies" heißen!

53

cowsoup	Rindsuppe
roast-chicken	Brathendl
roast lamb	Lammhendl
interneschernell	international
possessiv pronouns	besitzergreifende Fürwörter

The nick-name of Arnold Schwarzenegger is „Steirische Eichel"

I would never wash my Daddy in the wasching machine. (sollte wohl „my Teddy" heißen!)

ein Wizz als Lüggenfühler

Eine junge, ausnehmend hübsche Lehrerin fragt den Franzi: "Nun was würdest du sagen, wenn ich deine Mutter wäre."
Darauf Franzi: "Mir wäre das ziemlich egal, aber mein Vater hätte sicherlich große Freude damit."

Biologie

In der gesamten Biologie - besonders aber in der menschlichen Anatomie - kommen die Schüler zu tiefgreifenden, neuen Erkenntnissen. Kein Wissenschafter der Welt hat bisher diese grundlegenden Zusammenhänge so deutlich erkannt wie so mancher Schüler.

Wilhelm Busch würde sagen:

„Man blickt hier klar wie selten nur ins innere Walten der Natur."

Nenne den Unterschied zwischen Geweih und Horn?

Ein Horn hat kein Ende.

Nenne Unterschiede zwischen Hahn und Henne?

Er brütet nicht. Morgenruf.
Er hat längere Schwanzfedern
und pallanziert.
Er kommt beim Einnehmen der
Speise als erster dran.

So ein Macho!

Was weißt du über das Blut der Insekten?

Insekten haben kein Blut, sie müssen es
vom Menschen saugen.

Nenne ein Verhütungsmittel?

Ununterbrochener Geschlechtsverkehr

59

Hochzeitsflug der Insekten?

König und Königin bekommen Flügel und
fliegen weg. Dann befruchten sie sich.
Wenn er seine Arbeit getan hat, stirbt er.

Beschreibe den Weg der Nahrung durch den Körper!

Mund - Speiseröhre - Magen - Dünndarm -
Dickdarm - Mastdarm - Scheide.

Nenne zwei Augenkrankheiten?

Grüner Specht und Grauer Specht

Wo findet im Körper der Gasaustausch statt?

Im Mastdarm.

Nenne die Bestandteile des Blutes?

Rote und weiße Blutkörperchen und Blutplätzchen.

Antworten auf Biologiefragen

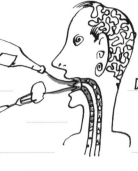

Organe im Hals des Menschen?

Der Mensch hat im Hals zwei Röhren:
Die Speiseröhre und die Trinkröhre.

Nenne zwei Arten von Adern?

Blutadern und Wasseradern.

Fortpflanzung der Ameisen?

Die Ameisen betreiben Brustpflege.   Brutpflege!

Größe des Totenkopfschwärmers?

Der Totenkopfschwärmer hat 13 cm Schwanzweite.

Was füttert ihr zu Hause den Schweinen?

Ruhmschnitzl

Soll wohl
Rübenschnitzel
heißen!

Kennzeichen der Wale?

Sie haben einen Nasenbock auf der Kopfoberseite.

Nenne 3 Karpfenarten?

Leder-, Spiegel- und Suppenkarpfen.

Was sind Rassehunde!

Wenn dem Hund sein Opa
auch schon ein Hund war.

Erkläre das Auge?

Im Dunkeln ist mein Puppile groß.

In der Schule in Horn erklärt der Lehrer

das Auge.

Lehrer:

„Vorne am Auge befindet sich die Hornhaut!"

Schüler:

„Bitte heißt diese Haut in Krems Kremshaut?"

Tiere des Meeres?

Im Meer gibt es viele Wasserorgasmen.

Was bedeutet „einhäusig"?

Es ist die Schnecke,

weil sie nur ein Haus hat.

Welche Krankheiten werden durch Bakterien

verursacht?

Psychokulose, Blutvergiftung und Faulheit.

Erkläre den Begriff „Wehen":

Warnung, daß das Baby kommt.

Kennzeichen

des Elefanten?

Der Elefant hat vorne

2 Stoßstangen.

Gasförmige Abfallstoffe des Körpers?

BU-Kracher, sie können sehr übell riechen.

63

Welche Säfte helfen bei der Verdauung der Nahrung?

Magensaft, Drüsensaft, Lebersaft und Vitaminsaft.

Der Lehrer erklärt die Verdauung:

„Und dann werden die Reste durch den After ausgeschieden."

Guten Appetit! **Schüler:** Ja, da gibt es „After eit".

Was macht die Eidechse, wenn sie bedroht wird?

Die Zauneidechse wirft den Schwanz ab, dieser zappelt und läuft davon.

Was heißt EKG?

Elektrokilogramm.

Woraus besteht der Panzer der Insekten?

Chitin! Aus Platin.

Wie entsteht Muskelkater?

Wenn man etwas über einen längeren Zeitraum
nicht macht, aber dann sehr schnell macht.

Fortpflanzung der Regenwürmer?

Die Regenwürmer betreiben
Selbstbefriedigung.

Da werden sie
bald aussterben!

Wie überwintern Schnecken?

Sie ferkricht sich in irem haus und fült das loch
mit einer Zementplatte.

Die Abschnitte der Wirbelsäule?

5 Halswirbel, 15 Lendenwirbel, 4 Unterwirbel,
Steißbein und Schwanz.

Erkläre die Befruchtung!

Der Same wird vom Mann ausgestoßen
und von der Frau in der Gebärmutter eingenistet.

Sollte wohl Smaragd-eidechse heißen!

Nenne 2 Eidechsenarten!

Zauneidechse und Diamanteneidechse

Wie heißt das Fremdwort für Regenbogenhaut?

Schüler ratlos: ???????

Lehrer hilft:

Na, wie ein kurzer Mädchenname!

Schüler, wie aus der Pistole geschossen: ...Rita!

Warum hechelt der Hund?

Weil er keine Gallenblase hat.

Welche Blutgruppe nennt man Universalempfänger?

0 - weil man bei dieser Gruppe alle spritzen kann.

Nenne verschiedene Robben:

Seelöwe, Walroß, Walküre

66

Nenne verschiedene Wiesengräser!

Der Wiesenfuchsschwanz und der
Wiesenschwängerling

sollte wohl
Wiesenschwingel
heißen!

Der Lehrer erklärt:

„Bei den Blutkörperchen gibt es rote und weiße."

Schüler:

„Gibt es denn in Deutschland schwarze, rote
und gelbe?"

Unterschied zwischen Hausschwein und

Wildschwein:

Das Wildschwein hat keinen festen Wohnsitz.
Es ist nur nackt aktiv.

Beschreibe den Dachs:

Der Dachs ist ein Fußgänger.

Sollte wohl
Sohlengänger
heißen!

Physik & Chemie

69

Physik wirklich zu verstehen bereitet zumeist - nicht nur bei Schülern - große Schwierigkeiten. Aus diesem Unverständnis heraus resultieren oft die ungewöhnlichsten Erkenntnisse.
Selbst Newton und Einstein würden sich ein Schmunzeln nicht verkneifen können.

Was wird als Flugzeugtreibstoff verwendet?

Clerasil.

Welcher Bestandteil regelt die Dampfzufuhr

bei der Dampfmaschine?

Der Sexcenter.

Was mußt du tun, um 10 Watt zu leisten?

Du mußt ihn 1 m aufheben. Und wenn man das
gemacht hat, dann hat er was geleistet.

Nenne die Eigenschaften von Wasserstoff?

Wasserstoff ist farblos, geschmacklos, geruchlos
und gehörlos.

Wie heißen die beiden Elektroden?

Kathode und Anektode.

71

Was ist ein Lichtjahr?

Das Licht legt in 1 Sekunde 10 Billionen Jahre zurück.

Nach einer Chemiestunde dringt der Gestank von Schwefelwasserstoff durch das ganze Schulhaus.
In der Nebenklasse sagt ein Schüler:

„Herr Fachlehrer; horchen Sie wie's draußen stinkt!"

Ausbildung im Betrieb?

1) Lehrling
2) Junggesellenprüfung
3) Werkmeister

ein Wizz

Lehrer: „Woher kommt der
elektrische Strom?"
Schüler: „Aus dem Urwald, Herr Lehrer!"
Lehrer, erstaunt: „Wie kommst du auf das?"
Schüler: „Als gestern der Strom ausfiel,
sagte mein Vater: Jetzt hab'n de Affn scho wieda den
Strom o-gschoit!"

Geschichte & Geografie

75

Meine Lieblingsgegenstände in der Hauptschule waren Geschichte und Geographie. Leider unterrichte ich sie nicht.

Umso mehr freut es mich, wenn mich meine Kollegen mit Material aus diesen Bereichen versorgen. Namen aus der Geschichte sind nun einmal schwer zu merken, aber leicht zu verwechseln.

Berechne die Entfernung St.Pölten – Graz aus dem Atlas:

Schüler A: 5333 km

Schüler B: 1m 20 cm

Recht unterschiedliche Entfernungen also...

Warum ist Österreich ein Binnenstaat?

Weil es bei uns so viele Bienen gibt.

Wie hoch liegen die höchsten Siedlungen Österreichs?

5000 m hoch.

Erkläre die Bewegung der Erde?

Die Erde dreht sich um die eigene Achsel.

Die Erde beschreibt eine epileptische Bahn um die Sonne.

Nenne einige Vulkane?

Killermandscharo, Killikatepetl

Die Gebirge Nordamerikas:

Appalachen! Im Osten der USA liegen die Wallachen.

Sollte wohl **Nenne 2 Seen in Oberbayern:**
Wagingersee
heißen Chiemsee und Waginasee

Wie heißt der Planet mit dem Ring?

Satan

War es **Was weißt du über die zweite Türkenbelagerung?**
nicht Kara
Mustapha? Der türkische Feldherr hieß Karl Nußdorfer.

Zwischenkriegszeit:

Der Führer der christlichdemokratischen Partei

Seipel!!! hieß Seppel.

Wichtiges über Amerika?

Mittelamerika ist eine Lendenbrücke.

Das Amazonenbecken ist dicht bewaldet.

Der Amazonas:

Der Amazonas ist 100.000 km lang und
50.000 km breit.

Unterschiede zwischen evangelischen und

katholischen Geistlichen:

Die evangelischen Priester dürfen heiraten,
die katholischen jedoch sind unehelich. ?

Aus der englischen Geschichte?

Heinrich VIII. wollte sich vom Papst
scheiden lassen.

Auch gute Ehen
gehen mal zu
Ende...

Was weißt du über Magellan?

Er schiffte das erstemal um den Globus, dann wußte er, daß er rund ist.

In welchem Jahr entdeckte Kolumbus Amerika ?

Noch gar nicht lange her...

1972

Was weißt du über Karl VI.. .?

Er erließ die magmatische Sanktion, dadurch sind auch weibliche Erfolge möglich.

Sein Feldherr war Prinz Äugen.

Eine wichtige Erkenntnis:

Die allgemeine Schulpflicht wurde in Österreich von Mutter Teresa eingeführt.

80

ein Wizz als Lüggenfühler

Der kleine Franzi kommt aus ganz armen Verhältnissen. Und da der Lehrer jeden Tag fragt, was die Schüler gestern zu essen gehabt hätten, kann er immer nur antworten: „A Schto-Suppm, Herr Lehrer."

Die Eltern zu Hause schämen sich bald darüber, daß sie sich immer nur Schto-Suppe leisten können und sagen deshalb eines Tages zu Franzi: „Du, morgen sagst du, daß wir Wienerschnitzl gehabt haben."
Nächsten Tag fragt der Lehrer wieder und Franzi antwortet diesmal: „Wienerschnitzl, Herr Lehrer!"
„Na, die haben die aber sicherlich gut geschmeckt, Franzi, wieviel hast du denn gegessen?"
„Zwei Schöpfer voll, Herr Lehrer!"

Musik und Werken

In den Musikstunden gibt es häufig falsche Töne, aber nicht nur beim Singen, sondern noch viel mehr bei Tests und Prüfungen. Es ist nämlich gar nicht so wenig, was man als geplagter und gestreßter Schüler alles über Mozart, Beethoven und die diversen Musikinstrumente wissen soll.

An welcher Krankheit litt Beethoven?

Er hörte immer weniger bis er schließlich gar nichts mehr sah.

Nenne zwei Opern von Mozart?

Entführung aus Versailles, Cosi the tuttle

Cosi fan tutte

Welche Instrumente gehören zu den Saiteninstrumenten?

1) Instrumente mit einem bestimmten Ton

2) Instrumente ohne einen bestimmten Ton

Wo war Schubert Sängerknabe?

Im Konflikt

Wo war Joseph Haydn lange im Dienst?

Beim Fürsten Osterhase.

85

Nenne verschiedene Schlaginstrumente?

Große Trommel, Kleine Trommel,
Standpauke

Wie groß ist der Intervallabstand zwischen den Saiten der Geige?

Ein halber Zentimeter.

Nenne verschiedene Holzverbindungen?

Nutten und Federn

In welchem Muster wird das gestickt?

Im Impotentmuster

Sollte Halbpatentmuster heißen!

ein wizz als Lüggenfühler

Ein junger Lehrer kommt in eine Dorfschule und ist dort sehr bemüht, mit den Landkindern in Kontakt zu kommen. Er läßt jeden Schüler erzählen, was zu Hause los ist und was er so ganzen Tag macht.

Der kleine Franzi berichtet, daß gestern plötzlich der alte Ziegenstall zusammengebrochen sei und jetzt der Ziegenbock Tag und Nacht im Freien leben müsse. Tags darauf regnet es in Strömen. Der junge Lehrer zeigt großes Mitgefühl mit dem Ziegenbock und fragt den Franzi: „Ja, was macht ihr denn bei diesem Sauwetter mit dem Ziegenbock ?" „Wir haben ihn in die Küche hereingenommen", antwortet dieser wahrheitsgetreu. „Was?" ruft der Lehrer erstaunt, „was ist mit dem fürchterlichen Gestank?" „An den muß er sich halt gewöhnen, Herr Lehrer."

88

Entschuldigungen
der Eltern und
Blüten der Lehrer

Kein Mensch ist davor gefeit, irgendwann einmal einen Fehler oder einen verhängnisvollen Versprecher zu produzieren - selbstverständlich auch nicht Eltern und Lehrer.

Besonders die Entschuldigungen für das Fernbleiben des Sprößlings haben es oft in sich, vor allem wenn ganz banale Entschuldigungsgründe hochdeutsch ausgedrückt werden sollen.

90

Entschuldigungen der Eltern

Meine Tochter konnte nicht in die Schule kommen, weil sie die erste Reckel hatte.

Mein Sohn konnte nicht in die Schule kommen, weil er einen Mohnfleck hatte.

Sollte wohl Phlegmone heißen

Mein Sohn konnte nicht in die Schule kommen, weil er ein Wexerl hatte.

Sollte wohl „wehes Öhrl" heißen

Hans kann nicht in die Schule kommen, weil er mit einem Gina im Bett liegt.

Sollte wohl „mit Angina" heißen

Bitte meinen Sohn heute nicht mitturnen zu lassen, weil er die Nase voll hat.

Schnupfen?

Mein Sohn konnte gestern nicht in die Schule kommen, weil er mit mir zum Stier gehen mußte.

91

In einer Schule trägt ein Lehrer den Namen „SCHUH".

Eine Mutter schickt folgende Entschuldigung:

Bitte meine Tochter heute nicht mitturnen zu lassen, weil sie gestern der Schuh gewetzt hat.

Eine Mutter erkundigt sich über die Leistungen ihres Sohnes beim Elternsprechtag:

„Herr Fachlehrer, wie steht er bei Ihnen, bei den anderen Lehrern, habe ich gesehen, steht er sehr gut!"

Lehrer zum Sohn des Unternehmers:

„Was hat dein Vater zu deinem Nichtgenügend auf der Deutschschularbeit gesagt?"

„Er hat gesagt, ich soll mir nichts draus machen, wenn ich groß bin, bekomme ich sowieso eine Sekretärin."

Blüten der Lehrer

Auch in den Aussagen der Lehrer blüht es...

Ich hab mit meinen Brillen keine Probleme. Ich besitze nämlich zwei, eine für die Weite und eine für die Ferne.

Lehrer A:

„Was ist mit dem bemalten Packpapier da oben?"

Lehrer B:

„Hebs auf, wei zur Not kann mans auch hinten verwenden!"

Lehrer A zu Lehrerin B:

„Bist du eine gute Ornithologin?"

„Nein, ich kenne nicht einmal einen Spatz."

Der Herausgeber dieses Buches bei der Ankündigung einer Turnvorführung:

„Wir beginnen mit dem Einlauf!"

Auf einem Zettel am Anschlagbrett steht:

„Die Kinder, die morgen nicht da sind, habe ich hier aufgehängt!"

Ob das nächste Europacupspiel daheim oder zu Hause stattfindet, ist noch nicht sicher.

In der Schikursunterkunft gab es in jedem Stockwerk nur eine Dusche. Die Schikursleiterin trifft eine Entscheidung:

„Die Buben dürfen sich nur oben duschen und die Mädchen nur unten!"

Die Frau Fachlehrer am Ende der Kochstunde:

„Die Buben müssen das nächste Mal 30 S und 2 Eier mitbringen."

94

zwei Wizze als Lüggenfühler

Was haben Wolken und Lehrer gemeinsam?
Es wird ein schöner Tag, wenn sie sich
verziehen.

Was ist der Unterschied zwischen Lehrer
und Schüler?
Der Lehrer lernt alles eine halbe Stunde früher.

Die junge, ausnehmend hübsche Lehrerin hat
im tiefen Ausschnitt ihrer Bluse eine große
Rose stecken. Bei der Biologieprüfung fragt
sie den kleinen Franzi: „Franzi, sag mir,
wovon ernähren sich die Blumen?" Dieser
starrt fasziniert auf die Blume im Ausschnitt
und antwortet: „Von Milch, Frau Lehrer."
Die Lehrerin ist empört über diese freche Antwort und läßt
ihn vor die Klassentüre stellen. Dort steht er weinend – ein
Häuflein Elend. Da kommt der Direktor vorbei und fragt den
Franzi, was er denn angestellt habe. „Ich habe", gesteht
dieser schluchzend, „ich habe gesagt, daß sich die Blumen
von Milch ernähren." „Aber Franzi", belehrt ihn der Direktor
gütig, „weißt du denn nicht, daß sie sich von Wasser
ernähren." Darauf Franzi voll Verzweiflung: „Ich konnte
ja nicht wissen, daß der Stengel so weit hinuntergeht."

Schul Geschichten

Gar oft wird der ernste und anstrengende Schulalltag durch - meist ungewollt - komische Begebenheiten aufgelockert. Einige davon habe ich hier zusammengeschrieben.

Armut gibt es auch heute noch

Ernst K. war ein kleiner Bauer mit Leib und Seele. Einen Großteil seiner vorschulischen Zeit verbrachte er im Stall seines elterlichen Bauernhofes. Aber auch für ihn kam unerbittlich der Punkt, wo er seinen geliebten Stall mit der Schule und seine geliebten Viecher mit seinen Mitschülern tauschen mußte.

Nur widerwillig ging er die ersten Tage in die Schule und war zu Hause recht schweigsam.

Die Mutter bemühte sich immer wieder das Gespräch auf seine neue Umgebung zu lenken und ihn zum Erzählen zu bringen. So fragte sie ihn einmal: „Ernsti, nebm wem sitzt n in da Klass?" Ernst K. antwortete mit großem Mitleid in der Stimme: „I woaß nit wia ra hoaßt, owa er muaß va gonz oame Leit sein." „Wiaso des?" fragte die Mutter erstaunt.

Ernsti antwortete mit verhaltener Stimme: „Jo, de haom nit amoi Sau dahoam."

Aus der Sicht des Ernsti K. gibt es bei uns also wirklich grassierende Armut.

Die Geschichte mit dem Pfandauslösen

Als der Junglehrer Michael U. in seinem ersten Dienstjahr einer Sonderklasse zugewiesen wurde, nahm er sich vor, besonders kindesgemäß und lustbetont zu unterrichten. Schließlich wollte er doch ein guter und vor allem ein beliebter Lehrer werden.

In der ersten Singstunde nahm er sich vor, Lieder aus dem Vorjahr zu wiederholen und die Kinder nach Lust und Laune singen zu lassen.

„Welche Lieder habt ihr im Vorjahr gelernt ?"

„Wir fahren übern See."

Michael U. ließ sich dieses Lied erklären und erfuhr, daß da eine Pause drin sei, in die nicht hineingesungen werden dürfe. Jeder, dem dies passiere, müsse ein Pfand hergeben.

Was Michael U. nicht wissen konnte, war die Tatsache, daß die Kinder im Vorjahr nur immer dieses Lied gesungen hatten und daher auf das Einhalten dieser ominösen Pause voll trainiert waren. So nahm das Unheil seinen Lauf.

Er war der einzige, der hineinsang, und somit auch der einzige, der ein Pfand hergeben mußte. Er legte seine Armbanduhr auf den Tisch. Dann mußte er sich vor die Klassentür stellen, denn die Kinder wollten sich eine Aufgabe ausdenken, mit der er sein Pfand wieder auslösen durfte. Recht peinlich war es ihm, als ein Kollege vorbeiging und ihn da so vor der Tür stehen sah.

Nun wurde er hineingerufen. „Herr Lehrer, Sie müssen sich in den Kasten stellen und laut ‚Hänschen klein' singen", war die Forderung. Da er seine Kleinen auf gar keinen Fall enttäuschen wollte,

stellte er sich unter dem großen Hallo der Kinderlein in den Kasten, der von außen rasch zugesperrt wurde.

Wie vereinbart sang er laut das „Hänschen klein", daß es im Kasten nur so widerhallte.

Als er mit dem Lied fertig war, fiel ihm sofort auf, daß es draußen verdächtig ruhig geworden war. Nun ging die Tür des Kastens auf und --- der Schulinspektor stand davor.

Michael U. wäre am liebsten im Boden versunken.

Der erste Schultag des Junglehrers Robert S.

Als Robert S. am Morgen des 2. September aufwachte, fühlte er große Freude und auch ein wenig Stolz in seiner Brust, aber auch Nervosität und Aufregung spürte er in der Magengrube - schließlich war ja heute sein erster Schultag.

Der Schulinspektor hatte ihn erst am Vortag verständigt, daß er in der einklassigen Schule im Dorfe W. im oberen Waldviertel den Dienst antreten müsse. Er hatte von diesem Dorf schon öfters gehört, war jedoch noch nie dortgewesen. Wie klug war es doch von ihm gewesen, daß er sich in der Vorwoche vorsorglich ein neues Moped, eine Puch MS 50, gekauft hatte, mit der er sich alsbald, fesch gekämmt und mit neuem Anzug, auf den Weg machte.

Im Dorfe W. herrschte zu dieser Zeit bereits geschäftiges Treiben. Wie alle Jahre war die Mesnerin damit beschäftigt, die sauber gekleideten kleinen Mädchen und Buben in Zweierreihe aufzustellen und sie so für den Kirchgang mit dem neuen Lehrer, auf den sie alle schon sehr gespannt waren, vorzubereiten.

Robert S. hatte die Wegstrecke etwas unterschätzt und so mußte er seinem neuen Moped voll die Sporen geben. Gerade rechtzeitig ritt er im Dorfe ein und brauste zur Schule. Daß aber die Straße gerade vor der Schule eine leichte Kurve macht und zur damaligen Zeit noch

nicht asphaltiert war, wurde dem hoffnungsvollen Junglehrer zum Verhängnis. Auf dem rutschigen Sand kam er ins Schleudern und landete genau vor seinen zukünftigen Schützlingen im Straßengraben.

Das Knie war blutig, der neue Anzug zerrissen und das schöne blaue Moped verbeult. Augenblicklich war die Mesnerin zur Stelle und half dem Verunglückten auf die Beine: „Jo Burscherl, host da e nit weh ton, kimm i hüf da." Auch die Kinder waren sofort da und bestaunten schadenfreudig das blutige Knie. „Wo muaßt n hin foahn, oder vielleicht koun di mei Mon mitn Traktor hoamfian", sagte hilfreich die Mesnerin.

Jetzt mußte Robert S. Farbe bekennen. Kleinlaut sagte er: „I wü e do her, i bin jo da neiche Lehrer!"

Hoch sei hier die Frau Mesner zu loben. Nach einer kurzen Schrecksekunde nahm sie mit mütterlicher Umsicht die Sache in die Hand, schickte die Kinder allein in die Kirche, verarztete den Lehrer bei sich zu Hause in der Küche und gab ihm eine Hose von ihrem Mann.

Robert S. unterrichtete ein Jahr lang im Dorfe W. zur vollsten Zufriedenheit aller Beteiligten, seinen ersten Schultag aber wird er wohl nie vergessen.

103

Insassen der Sauna

Um den Taferlklaßlern das ganze Schulhaus vertraut zu machen, führte die Lehrerin ihre Sprößlinge in alle Stockwerke des weitläufigen Gebäudes. Zum Schluß ging es auch noch hinunter ins Hallenbad. Als dieses ebenfalls besichtigt und erklärt war, fiel einem Schüler, der bäuerlicher Herkunft war, bei einer Seitentür die Aufschrift SAUNA auf. Nachdenklich buchstabierte er das Wort einigemale.

Dann fragte er ganz entsetzt seine Lehrerin:

„Frau Lehrer, san do wirkli Sauna drinnat".

(Schweine heißen mundartlich Sauna)

Die Geschichte mit dem Wasserkübel

Die Zeichenstunde ging langsam dem Ende zu. Der Lehrer Paul T. ordnete „Zusammenräumen" an. Da in dieser Stunde mit Wasserfarben gemalt worden war, gingen die Schüler nach der Reihe zum Waschbecken und leerten die Malbecher aus.

Vorauszuschicken wäre noch, daß der Abfluß des Beckens kaputt war und der Schulwart einen Kübel untergestellt hatte.

Dieser Kübel begann sich nun durch das viele Malwasser rasch zu füllen. Der umsichtige Lehrer bemerkte das rechtzeitig und befahl dem Schüler Johann, der gerade vor ihm saß, er solle sofort den vollen Kübel ausleeren. Johann - etwas gedankenverloren - holt den Kübel vorsichtig hervor und - leert ihn oben in das Waschbecken hinein. Man nennt so etwas Macht der Gewohnheit.

Was jetzt passierte und wie die Gesichter aller Beteiligten dreinschauten, kann sich der phantasiebegabte Leser lebhaft vorstellen. In der Klasse gab es eine kurzzeitige Überschwemmung, der Johann rasch mit dem Tafelschwamm ein Ende bereiten mußte.

105

Eine Klogeschichte

Der gestrenge Lehrer Thomas H. spürte in seiner Freistunde plötzlich ein gewisses menschliches Rühren, sodaß er sich genötigt sah, möglichst rasch das stille Örtchen aufzusuchen. Da das Schülerklo das nächstgelegene war und ohnehin keine Schüler unterwegs waren, begab er sich dort in eine Zelle.

Doch wie es ein unerbittliches Schicksal wollte, läutete just in diesem Augenblicke die Glocke zur großen Pause. Die ersten Buben stürmten ins Klo.

Während sie sich auf der „kleinen Seite" erleichterten, trifft plötzlich einer die lapidare Feststellung: „Schau, do huckt oana".

Lehrer Thomas H., der mit seinem „großen Geschäft" noch nicht ganz fertig war, bemerkte plötzlich ein heftiges Rütteln an seiner Klotür. Gott-sei-Dank, er hatte nicht vergessen abzusperren!

Er wähnte sich also in relativer Sicherheit, was jedoch ein fataler Fehler war. Nach weiteren Geräuschen an der Klotüraußenseite erschien ein Gesicht über der Klowand, welches forschenden Blickes den Zelleninsassen feststellen wollte.

Was jetzt geschah, läßt sich schwer in Worte fassen. Der Schüler oben - er hieß zufälligerweise ebenfalls Thomas H. - und der Lehrer unten veränderten schlagartig ihre Gesichtsfarbe. Beide bekamen einen krebsroten Schädel, Thomas der Jüngere aus Angst und Scham, Thomas der Ältere vor lauter Zorn. Hastig beendete er seine Sitzung und mit einem Brüller (Thomas der Ältere hat eine sehr laute Stimme) riß er die Tür auf und faßte Thomas den Jüngeren, der inzwischen zu einem

106

Häuflein Elend verkommen war, am Schlawittchen. „Du Wahn-
sinnsknabe, komm mit, wir gehen zum Herrn Direktor".

Auf dem Weg dorthin begann sich der Zorn des Lehrers langsam in
Heiterkeit umzuwandeln. Und als plötzlich Thomas H. der Jüngere
Thomas H. dem Älteren seine Hand hinstreckte und ein „Bitte um
Verzeihung" hervordrückte, konnte sich dieser ein Schmunzeln kaum
mehr verbeißen.

„Verschwind, und moch des jo nie wieder", schimpfte er mit
gespieltem Zorn, um einige Augenblicke später im Lehrerzimmer
in lautes Gelächter auszubrechen.

107

Als einmal der hl. Josef geholfen hat

Martha W. war Vorzugsschülerin in der Lehrerbildungsanstalt der Englischen Fräulein in Krems. Im vierten Jahrgang standen schon sogenannten Lehrauftritte am Programm. Da mußte der Lehramtskandidat unter den strengen Augen der Professoren zeigen, daß er bereits fähig ist, den Unterricht selbständig zu führen. Für die Vorbereitung einer Stunde war normalerweise eine Woche Zeit.

In jenem Jahr, als sich diese Geschichte zugetragen hat, war gerade der Vorfrühling angebrochen und in den Donauauen waren die Schneeglöckchen in voller Blüte. Und Martha W. bekam von ihrer Professorin das Thema „Blütenaufbau eines Schneeglöckchens" zugewiesen. „Einen großen Strauß Schneeglöckchen bringe ich mit, weil diese ohnehin haufenweise vor meiner Haustüre wachsen", versprach die Professorin und wünschte nächste Woche eine gediegene Vorbereitung zu sehen.

Martha W. bereitete sich äußerst gewissenhaft auf diese Stunde vor, alles darauf aufbauend, daß jedes Kind eine Blume vor sich liegen haben würde.

Am Tag des Auftrittes betete sie bei der morgendlichen Andacht in der Hauskapelle besonders inbrünstig, daß doch alles wie geplant gelingen möge.

Fünf Minuten vor dem Läuten stand sie bereits beim Katheder, legte ihre Vorbereitungsmappe auf und wartete auf den versprochenen Blumenstrauß. Als die Professorin eintrat, stürzte Martha auf sie zu und bat um die Schneeglöckchen. „Ach, auf die hab ich vergessen,"

meinte diese beiläufig und setzte sich hinten in die Klasse, und dazu noch 30 Studienkolleginnen.

Martha W. war der Ohnmacht nahe. Wie sollte sie diese Stunde halten ohne ein einziges Blümchen. In zwei Minuten beginnt die Stunde und sie steht mit leeren Händen da. Während sie krampfhaft einen Ausweg überlegt, schlägt ihr Herz bis zum Hals. Da erinnert sie sich plötzlich, daß sie bei der Andacht in der Kirche zu Füßen des Hl. Josef einen Strauß stehen gesehen hatte.

Mit fliegendem Zopfe rannte sie in die Kirche zurück, direkt hin zum Hl. Josef. Eine betagte Klosterschwester kniete gerade davor, tief ins Gebet versunken.

„Bitte kann ich mir die Schneeglöckchen nehmen, bitte," keuchte sie.

„Nimm sie dir nur, mein Kind", sagte mit ruhiger Stimme die Schwester und machte lächelnd eine einladende Handbewegung. „Danke!", Martha riß die Blumen aus der Vase und raste, eine Tropfenspur hinterlassend, in die Klasse zurück.

Soeben läutete es.

Martha W. bekam für diese Stunde großes Lob für gute Vorbereitung und gute Durchführung.

„Nur ein bißchen außer Atem warst du schon vor lauter Aufregung," meinte die Professorin abschließend.

109

Der gesundheitsfördernde Arztbesuch

Leo L. war ein, um es in der heutigen Diktion auszudrücken, verhaltensauffälliger, schwieriger Schüler. Früher wurden solche Schüler noch mit Ausdrücken wie „Krot", „Düsn", „Rotzlecka", „Krätzn" bedacht, was aber nach heutigem Stand der Pädagogik nicht mehr zulässig ist.

Leo L. war also ein solcher Schüler in ganz typischer Ausprägung, und er machte so manchem Lehrer den Unterricht zur Höllenqual. So auch dem Lehrer Josef L. Es verging praktisch keine Unterrichtsminute, wo nicht Leo L. in irgendeiner Weise störte. Lehrer Josef L. bewies Engelsgeduld und wollte mit Gutsein und mit dauernder Ermahnung den Störenfried zur Vernunft bringen - doch ohne jeglichen Erfolg.

Nun reißt aber selbst der stärkste Geduldsfaden irgendwann einmal. So war es auch bei Lehrer L. Er gab dem Leo zwei anständige Watschn - links und rechts. Leo L. war perplex, aber nur kurz.

Plötzlich legte er sich auf den Tisch und vergrub sein Gesicht im Ärmel seiner Unterarme. „Mir tut der Kopf so weh," weinte er herzerweichend. Und wieder „Ich hab so Kopfweh."

Dem Lehrer Josef L. wurde es mulmig in der Magengegend. War er zu weit gegangen? Hatte er den Schüler vielleicht tatsächlich

110

verletzt? Was tun jetzt mit dem jammernden Schüler? Jedenfalls mußte irgendetwas geschehen. Sollte er ihn vielleicht doch zum Arzt schicken? Gedacht - getan.

„Wer ist Klassensprecher in der Klasse?" fragte Josef L. Der Schüler Robert H. zeigte verlegen auf. „Geh sofort mit dem Leo zum Doktor, weißt e wo der wohnt", ordnete der Lehrer an und fügte sich dem Schicksal, das da kommen würde.

Robert H. ging schweigend mit Leo L. zum Schularzt Josef S. In der Ordination war es den beiden etwas unheimlich, besonders in dem Augenblick, als der Arzt kam und nach ihrem Begehr fragte. Es darf hier nicht unerwähnt bleiben, daß Dr. Josef St. mit seiner Größe und vor allem mit seinem Körperumfang eine beeindruckende Erscheinung war.

Außerdem hatte er einen weißen Schurz umgebunden, was ihn mehr wie einen Fleischhacker als einen Arzt aussehen ließ.

Dr. Josef St. hatte sich also vor den beiden aufgepflanzt und lauschte mit wachsendem Interesse den Vorkommnissen im Unterricht, die der Klassensprecher stotternd erzählte. Als dieser fertig war und um die ärztliche Untersuchung des Leo bat, explodierte der Arzt: „Du Rotzbua , du elendicha, waunnst net sofort schaust, daß d weida kimmst, druck i da nu oane, daß d olle Engel singa heast !"

Man konnte nicht so schnell schauen, waren die beiden bei der Tür draußen.

Ab diesem Zeitpunkt klagte Leo L. über keinerlei Kopfschmerzen mehr, so gründlich hatten ihn die Worte des Arztes geheilt.

Die Geschichte mit den Genitalien

Hubert R. ist Hobbyentomologe. Entomologie ist bekanntlich die Wissenschaft von den Insekten. Da aber dieses Wissensgebiet sehr umfangreich ist, spezialisiert sich jeder Entomologe auf irgendein Teilgebiet, bei Hubert R. waren dies die Kamelhalsfliegen.

Eine interessante Insektengruppe, behaftet allerdings mit einem unangenehmen Problem: Die einzelnen Arten lassen sich sehr schwer unterscheiden, oft nur aufgrund der verschiedenen Geschlechtsorgane, welche zur genaueren Bestimmung erst herausoperiert, mikroskopiert und dann gezeichnet werden müssen.

Andreas R. ist der Sohn dieses Entomologen, und er zeigt höchstes Interesse für das Hobby seines Vaters. Genau sieht er zu, wenn diese Insekten zerlegt und besagte Organe gezeichnet werden. Andreas geht in die 2. Klasse Volksschule. Seine Lehrerin unterrichtet sehr lebensnah und läßt die Kinder alles erzählen, was diese so den ganzen Tag erleben. Eines Tages - Sprechübung stand in der Vorbereitung - läßt sie die Kinder berichten, was deren Eltern so in ihrer Freizeit machen. Alles mögliche wurde hier aufgezählt, vor allem diverse Sportarten, Wandern, Kartenspielen usw. Als Andreas an der Reihe ist, sagt er kurz und bündig: „Mein Vater zeichnet Genitalien." „...Was, bitte?" „Genitalien." „... Aha, ja ... der nächste, bitte". Aus den Augenwinkeln beobachtet sie die Klasse: Keiner grinst. Gott-sei-Dank sie haben ganz offensichtlich nicht aufgepaßt und keiner stellt irgendwelche Fragen dazu.

In der anschließenden Pause holt sich die Lehrerin den kleinen Andreas diskret beiseite und läßt sich erklären, was denn nun der Vater tatsächlich zeichnet. Jetzt ist sie wieder beruhigt.

Noch eine Klogeschichte

Die Taferlklaßler waren den ersten Tag in der Schule. Die Volksschullehrerin Elisabeth K. zeigte ihnen alle wichtigen Räumlichkeiten der Schule, unter anderem auch das Klo. Dabei schärfte sie ihren Kleinen besonders ein, daß sie immer rechtzeitig sagen sollten, wenn sie aufs Klo gehen müssen.

Nächsten Tag brachten die Kinder ihre ersten Hefte mit und, da sie ja ihren Namen noch nicht schreiben konnten, sammelte Elisabeth K. die Hefte kurz ab und schrieb überall den Namen des Besitzers drauf. Dabei arbeitete sie so konzentriert, daß sie den Franzi nicht bemerkte, wie er aufzeigte. Plötzlich spürte sie einen Stupser an der Schulter: „Du". Und als sie nicht sofort reagierte kam ein zweiter Stupser und ein energischeres „Duu". Als sie aufschaute stand Franzi neben ihr. „Du, Fräun, i muaß scheißn gehn."

Deutlicher hätte wohl niemand einen solch dringenden Wunsch ausdrücken können.

Ungewöhnliche Nachschau im Lehrerzimmer

Vor der alten Volksschule in O. stand unmittelbar vor dem Eingang ein hoher Fahnenmast, an dem am Nationalfeiertag immer die rotweißrote Fahne gehißt wurde.

Eines Tages standen vor dem Schulhaus zwei Schüler und diskutierten über Gott und die Welt. Unter anderem hätte sie brennend interessiert, was die Lehrer mit den Lehrerinnen im Lehrerzimmer so immer machten. „Schau," sagte Toni S. zu Gerhard H. „dieser Fahnenmast geht direkt zum Fenster des Lehrerzimmers. Wenn du da hinaufkletterst, siehst du hinein." Gerhard blickte hinauf, tatsächlich führte der Mast vor das Fenster des Lehrerzimmers im ersten Stock. Gerhard war ein ausgezeichneter Stangenkletterer und Baumkraxler. Bei dem Gedanken, da hinaufzuklettern, war ihm aber nicht ganz koscher. Als jedoch sein Freund Toni „Traust di e nit" sagte, mußte er einfach seinen Mut unter Beweis stellen und er packte an.

Zur selben Zeit stand der Lehrer Wolfgang Z. am Fenster des Lehrerzimmers und blickte verson-nen in die Gegend. Umso mehr war er überrascht, als auf einmal vor ihm auf der anderen Seite der Fensterscheibe ein Gesicht auftauchte. Kurze Zeit blickten Schüler Gerhard H. und Lehrer Wolfgang Z. einander völlig perplex in die Augen.

Wolfgang Z. hatte sich schneller gefaßt. Gerhard sah plötzlich, wie der Lehrer das Lehrerzimmer eiligen Schrittes Richtung Stiege verließ. Jetzt war höchste Eile geboten. So rasch es irgendwie ging, ließ er sich die Stange hinunter, daß die Hände nur so brannten.

Mit einigen langen Schritten war Wolfgang Z. beim Eingangstor, wo sich gerade die beiden Helden aus dem Staub machen wollten. Und - obwohl es ihn in der rechten Hand sehr juckte, hielt er sich doch soweit zurück und verdonnerte den Klettermaxe nur zu einer Dableibstunde.

115

Als einmal ein Rad gestohlen wurde

Die folgende Geschichte spielte sich in der Zeit ab, als im Ort O. noch keine eigene Hauptschule bestand und die Schüler noch in die 7 km entfernte Schule in P. fahren mußten. Von einem Schulbus war selbstverständlich noch keine Rede und die Strecke mußte tagtäglich mit dem Rad bewältigt werden.

So auch von Erich S. Jeden Tag fuhr er pünktlich mit seinen Klassenkameraden nach P. in die Hauptschule. Dort war hinter der Schule ein umfangreicher Radständer angebracht, in dem jeder Schüler seinen Abstellplatz hatte. Nach Unterrichtsschluß gings den weiten Weg wieder zurück - und das bei jedem Wetter.

Eines Tages, die Schule hatte gerade wieder ihr ersehntes Ende genommen, stürmten wie gewohnt alle Schüler zu ihren Rädern. Langsam leerte sich der Platz und auch Erich S. wollte sein Rad nehmen. Doch - o Schreck - es war nicht da. Was er auch suchte und sich umsah, es war tatsächlich nicht da. Ein paar andere Schüler, die seine verzweifelte Suche bemerkten, sagten: „Des haom s da gstohln."
Erich S. war den Tränen nahe. Was sollte er jetzt tun, sein Vater war ein armer Briefträger und konnte sich so schnell sicher kein neues leisten.

Inzwischen war bereits einer seiner Kameraden diensteifrig zum Direktor gelaufen: „Bitte der Erich weint, weil sie ihm das Rad gestohlen haben." Direktor M., gefürchtet und bekannt als sehr streng und jähzornig, war sofort zur Stelle und nahm die Sache höchstpersönlich in die Hand. Nachdem alle erdenklichen Aufenthaltsorte des Fahrrades abgesucht waren und dieses weiterhin verschollen blieb, brüllte der Direktor: „Die Gendarmerie muß her."

116

Auch der eilig herbeigeeilte Hüter des Gesetzes konnte das Rad nicht herzaubern, aber er begann ein Protokoll anzufertigen.

In diesem Moment ging ein Leuchten über das Gesicht von Erich S., und er jubelte: „Ah,ich bin ja heute in der Früh mit dem Milchauto gefahren."

Es war damals nicht nur die Zeit, wo es noch wenig Hauptschulen gab, sondern auch die Zeit, wo noch zünftige Watschen ausgeteilt wurden. Und eine solche bekam Erich S. vom Direktor - höchstpersönlich.

Vergebliche Mühe

Hans Z. ging in die 7. Klasse Gymnasium. Sein Schwachpunkt war die Chemie. Gegen Schulschluß stand er auf einem reinen Fünfer, und eine Nachprüfung, wenn nicht gar eine Wiederholung der Klasse, drohte. Die Professorin, eine bereits ältere strenge Lehrerin, kannte da keinen Spaß.

Vorauszuschicken sei auch noch, daß sich diese Geschichte in einer Zeit abspielte, wo noch in jeder Klasse ein großer Holzofen stand, der die hohen Räume einigermaßen erwärmte.

Hans Z. war in einer argen Notlage. Was sollte er in dieser prekären Situation machen. Eine Besprechung mit seinen Freunden wurde einberufen, welche ihm schließlich folgendes rieten. Die Professorin hatte die Angewohnheit, die Schüler, um den Unterricht möglichst hautnah zu gestalten, bei den Experimenten rund um den Lehrertisch zu versammeln. Diese Gelegenheit sollte nun Hans nützen, um den Notenkatalog der Lehrerin zu entwenden und heimlich still und leise im Ofen verschwinden zu lassen.

Die Ausführung dieses Coups war sehr leicht. Die Lehrerin war so auf ihre Experimente konzentriert, daß sie das Verschwinden des Katalogs nicht bemerkte. Erst nächsten Tag begann sie zu suchen - erfolglos, das Notenverzeichnis war längst ein Raub der Flammen.

Nach einer Woche gab sie es auf. Zerknirscht mußte sie vor den Schülern zugeben, daß ihr der Notenkatalog abhanden gekommen wäre.

Und mit einem flauen Gefühl im Magen, ersuchte sie die Schüler, ihr die Noten, die doch sicher jeder im Gedächtnis hatte, anzusagen.

Hier kamen jetzt sehr deutlich die verschiedenen Charakter-eigenschaften der jungen Menschen zutage. Manche blieben bei der Wahrheit, die meisten „verbesserten" sich um einen Grad, die ganz Unverschämten sogar um zwei Grade.

Als die Reihe nun an Hans kam - er war im Alphabet ganz hinten - sagte er bescheiden „Genügend".

In dem Moment blitzte ein Strahl der Erkenntnis über das Gesicht der Lehrerin: „Nein, nein, Hans, von dir weiß ich genau, daß du auf einem Fünfer gestanden bist!" Die Katastrophe war perfekt - der Fünfer stand auch im neuen Katalog.

Die ganze Aktion hatte vielen geholfen, nur nicht dem Hans.

Die verflixte Zahl „6"

Die Schülerin Birgit muß nachsitzen, weil sie die Deutsch-Hausübung nicht gemacht hatte. Aus dem Buch waren die Grammatikübungen Nr. 6, 7 und 8 zu machen. Der Lehrer, der die Schüler beaufsichtigte, erkundigte sich bei den Schülern, was jeder zu machen hätte, und überwachte die Durchführung.

Als die halbe Nachholstunde um war, ersuchte der Lehrer eine Kollegin, ihm den Rest der Stunde zu halten, weil er dringend wegfahren mußte.

Bald war die Stunde um und die Lehrerin kontrollierte die Arbeiten. Birgit zeigte ihr die Nummern 7 und 8. „Ist das alles", fragte die Lehrerin.

„Nein", sagte Birgit, „6 habe ich schon mit dem Herrn Fachlehrer gemacht!"

Stilblüten
aus Schreiben an
Versicherungen

121

Bei den Vorarbeiten zu diesem Buch fielen mir auch Stilblüten aus dem Versicherungswesen in die Hände. Da diese ebenfalls so lustig sind, daß man darüber Tränen lachen muß, nahm ich sie in dieses Buch auf. Ich hoffe jeder Leser amüsiert sich ebenso köstlich darüber wie ich.

Zumeist handelt es sich um Beschreibungen von Verkehrsunfällen - aber lesen Sie selbst.

Da sprang der Verfolgte ins Wasser und tauchte trotz mehrmaliger Aufforderung nicht mehr auf.

Außerdem bin ich vor meinem ersten und nach meinem letzten Unfall vollkommen unfallfrei gefahren.

Ich habe gestern Abend auf der Heimfahrt einen Zaun in 20 Meter Länge umgefahren. Ich wollte Ihnen den Schaden vorsorglich melden, bezahlen brauchen Sie aber nichts, denn ich bin unerkannt entkommen.

Ich habe soviele Formulare ausfüllen müssen, daß es mir fast lieber wäre, mein geliebter Mann wäre überhaupt nicht gestorben.

Der andere Wagen war absolut unsichtbar und dann verschwand er wieder.

123

Ein Fußgänger stieg plötzlich vom Bürgersteig und verschwand wortlos unter meinem Wagen.

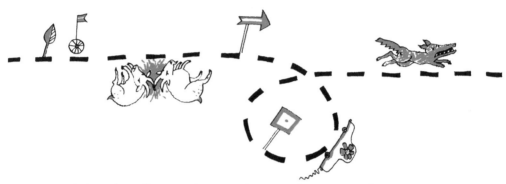

Ich überfuhr einen Mann. Er gab seine Schuld zu, da ihm dies schon einmal passiert war.

Ich habe noch nie Fahrerflucht begangen.
Ganz im Gegenteil, ich mußte immer weggetragen werden.

Ich fuhr durch die Au. Plötzlich kamen von links und rechts mehrere Fahrzeuge. Ich wußte nicht mehr wohin und dann krachte es vorne und hinten.

Als ich an die Kreuzung kam, erhob sich ein Zaun, um meine freie Sicht zu hindern.

Wer mir die Geldbörse gestohlen hat, weiß ich nicht, weil aus meiner Verwandtschaft niemand in der Nähe war.

Ihre Argumente sind wirklich schwach. Für solche faulen Ausreden müssen Sie sich einen Dümmeren suchen, aber den werden Sie kaum finden.

Beim Heimfahren fuhr ich versehentlich in eine falsche Grundstücksauffahrt und rammte einen Baum, der bei mir dort nicht steht.

Ich habe mir den rechten Arm gebrochen, meine Braut hat sich den Fuß verstaucht – ich hoffe Ihnen damit gedient zu haben.

125

Der Fußgänger hatte anscheinend keine Ahnung, in welche Richtung er gehen sollte, und so überfuhr ich ihn.

Erfahrungsgemäß regelt sich sowas bei einer gewissen Sturheit von selbst. Darum melde ich Unfälle immer erst, wenn der Gegner mit Zahlungsbefehlen massiv wird.

In einer Linkskurve geriet ich ins Schleudern, wobei mein Wagen einen Obststand streifte und ich - behindert durch die wild durcheinander-purzelnden Bananen, Orangen und Kürbisse - nach dem Umfahren eines Briefkastens auf die andere Straßenseite geriet, dort gegen einen Baum prallte und schließlich - zusammen mit zwei parkenden PKWs - den Hang hinunterrutschte. Danach verlor ich bedauerlicherweise die Herrschaft über mein Auto.

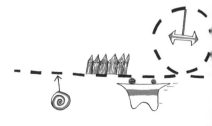

Der Kraftsachverständige war völlig ungehalten,
als er auf mein Vorderteil blickte.

Heute schreibe ich zum ersten und zum letzten
Mal. Wenn Sie jetzt nicht antworten, schreibe ich
gleich wieder.

Ich mußte ihn leider aufs Korn, d. h. auf den
Kühler nehmen; dann fegte ich ihn seitlich über
die Windschutzscheibe ab.

Der Unfall ist dadurch entstanden, daß der
Volkswagen weiterfuhr. Er mußte verfolgt
werden, ehe er anhielt. Als wir ihm eine Tracht
Prügel verabreichten, geschah es.